AF440295

COMITÉ RÉPUBLICAIN RÉFORMATEUR

Patriotes et Républicains de l'Ariège,

Dans quelques mois, le 5 mai 1889, la France fêtera le centenaire de la Révolution émancipatrice.

Les ennemis de toutes les libertés méditent d'en faire la date d'un recul contre nature vers un passé d'abus et d'iniquités.

Nous voulons, nous, qu'il soit le point de départ d'une marche hardie vers des progrès nouveaux.

De ces progrès la République est l'instrument nécessaire.

Voilà pourquoi nous entendons la consolider ; voilà pourquoi les réactionnaires prétendre la détruire.

Exploitant le mécontentement causé par un concours passager de circonstances malheureuses, et aussi, pourquoi ne pas le dire ? par des fautes aisément réparables, ils se flattent d'amener le peuple à se sacrifier lui-même en sacrifiant la République.

Ils ne réussiront qu'à prouver une fois de plus combien ils ignorent cette France sur laquelle ils complotent de remettre la main.

Le peuple sait et n'a pas oublié ce qu'il doit à la République : une armée formidable ; une frontière à l'abri des insultes de l'étranger ; le réseau des chemins de fer doublé ; le réseau vicinal triplé ; la loi sur les syndicats, qui arme les ouvriers pour la défense de leurs intérêts ; la caisse des retraites pour la vieillesse, qui assure à l'invalide du travail le pain qu'il ne peut plus gagner ; l'instruction, enfin, pénétrant jusques dans les hameaux les plus reculés, allant dans la cabane chercher l'enfant du pauvre et en faisant un patriote et un citoyen.

Œuvre gigantesque, qui réclamait un demi siècle, et en dix ans exécutée !

Mais succès oblige : reconnaissant à la République de ce qu'elle lui a donné, le pays en attend plus encore.

Il est impatient de tirer tout le parti possible de l'outillage incomparable dont on l'a doté ; il souffre des obstacles qui gênent ou paralysent son activité.

Ce sera la mission de la Chambre future de lever ces obstacles en introduisant dans notre système fiscal des réformes profondes, conçues avec maturité, opérées avec résolution.

Le pays ne veut plus de charges nouvelles ; il exige une répartition plus équitable des impôts qui frappent les différentes sources de la richesse publique ; il désire tous les dégrèvements compatibles avec un solide établissement du budget.

Mais aucun ne sera plus sensible à la masse qui travaille et qui peine que le dégrèvement de l'impôt foncier.

Patriotes et Républicains de l'Ariège,

Usant d'un droit d'initiative qui appartient à chacun, un groupe de citoyens s'est formé qui connaît vos vœux et qui va s'appliquer sans retard à en préparer la réalisation.

Etranger à toutes les questions de personnes, ne considérant que le peuple et son bien-être, il vous adresse un patriotique appel :

A nous, toutes les bonnes volontés, tous les dévouements généreux ;

A nous, tous les cœurs que n'effrayent point les responsabilités des luttes prochaines ;

A nous, tous les esprits qui placent dans le triomphe définitif de la République réformatrice la grandeur et la prospérité de la France !

<table>
<tr><td>Le Secrétaire,
E. BECQ,
Avocat, Conseiller municipal.</td><td>Le Président du Comité,
DELCASSÉ,
Conseiller général.</td></tr>
</table>

Foix, 8 Novembre 1888.

Prière d'adresser les adhésions à M. BECQ, Avocat, Secrétaire du Comité.

Vous êtes prié d'assister aux Convoi, Service et Enterrement de

Monsieur Jules FERRY,

DIT LE « DERNIER DES..... SPADASSINS »

décédé politiquement à l'âge de soixante et quelques pépites, à la suite d'une tonkinomanie aiguë, compliquée d'une froussomanie opportuno-chronique, maladies contractées au service de la Réaction contre la République ;

Qui se feront en grande pompe (à Richer) et sur une grande échelle (d'honneur) à Paris et dans toute la France, dimanche prochain, à deux heures moins juste.

De Profundis !!

De la part de Madame **LAPRUSSE**, son amie intime : de feu Madame **LAMONARCHIE**, sa belle-mère ; du **PAPA RHUM**, son conseiller secret, et de tous les boockmakers et joueurs de bonneteau de France et de Navarre.

Les cordons du poêle (qu'il a dans la main) seront tenus par le duc d'Haut-Mal...-en-pire, le comte de *Paris*... mutuels, Emile Ollivier (c'tte vieille branche), et un délégué de l'agence Tricoche et Cacolet.

Le service divin sera célébré par l'abbé Thisumène.

Le général Boulanger, en costume de Saint-Arnaud de café-concert, chantera le

REQUIESCAT IN PACE !

sur l'air de : *En r'venant d' la r'vue.*

Henri Rochefort l'accompagnera sur l'orgue... de Barbarie.

Imprimerie Gabillaud, 17, rue de l'Echiquier, Paris.

Vous êtes prié d'assister aux Convoi, Service et Enterrement de

Monsieur Jules FERRY,

Dit le « DERNIER DES..... SPADASSINS »

décédé politiquement à l'âge de soixante et quelques pépites, à la suite d'une tonkinomanie aiguë, compliquée d'une froussomanie opportuno-chronique, maladies contractées au service de la Réaction contre la République ;

Qui se feront en grande pompe (à Richer) et sur une grande échelle (d'honneur) à Paris et dans toute la France, dimanche prochain, à deux heures moins juste.

De Profundis !!

De la part de Madame **LAPRUSSE**, son amie intime ; de feu Madame **LAMONARCHIE**, sa belle-mère ; du **PAPA RHUM**, son conseiller secret, et de tous les boockmakers et joueurs de bonneteau de France et de Navarre.

Les cordons du poële (qu'il a dans la main) seront tenus par le duc d'Haut-Mal...-en-pire, le comte de *Paris*... mutuels, Emile Ollivier (c'tte vieille branche), et un délégué de l'agence Tricoche et Cacolet.

Le service divin sera célébré par l'abbé Thisumène.

Le général Boulanger, en costume de Saint-Arnaud de café-concert, chantera le

REQUIESCAT IN PACE!

sur l'air de : *En r'venant d' la r'vue.*

Henri Rochefort l'accompagnera sur l'orgue... de Barbarie.

Vous êtes prié d'assister aux Convoi, Service (rendu à la Nation) et *Enfouissement* du M nistère

FLOQUET, CHARLES

décédé à Paris, le 14 Février 1889, d'une *révisionomanie* chronique et d'une *scrutind'arrondissementomanie* aiguë, à l'âge où l'on commence à devenir gaga.

Et du Parlemenzarisme-Intransigeanto Radicalo-Opportunisto-Réaco, dont il était la personnification..

On se réunira à la Maison Mortuaire, à Paris, sur le bi, sur le bout, sur le bi du bout du pont.

Priez pour Lui!!

(Si le cœur vous en dit)

De la part de Frère *JACQUES*, candidat *boulé* par le Général Boulanger, aux élections du 27 Janvier, son protégé reconnaissant; de *JULES FERRYRE-LA-GALERIE*, célèbre général cochonchinois, qui n'a jamais pris de chinois que chez la mère Moreaux; de *CLÉMENCEAU* (de carpe) son médecin attitré, qui n'a pas encore retrouvé sa popularité, et de tous preux chevaliers de l'assiette au beurre, ses parents, amis et souteneurs avec ou sans casquettes à pont.

Le Deuil sera conduit par *JOFFRIN-BAUDIN*.

Les cordons du *poéle*.. dans la main, seront tenus respectueusement par l'Immaculée *ANAFORGE DE LA TOLE, MÉLINE-AGRICOLE, MAJAU-MONTDIER-LA-REDOUTE*, et *GOBLET-à-escamoter-les-Réformes*.

L'absoute sera donnée par Monsieur *FREPPEL*, ou en cas d'empêchement par Monseigneur *JULES SIMON*.

Et l'inscription suivante sera gravée sur la pierre tombale :

Ci-gît la République parlementaire. A bas les voleurs ! à bas les tripoteurs ! plus de fonds secrets. *POTDEVINUS ENTERRARE.*

Vive la République Nationale et honnête.

Vive la Dissolution!... Vive la Révision!... Vive Boulanger!.,.

Paris. — Imprimerie Gabillaud, 228, Rue Saint-Denis

L'AFFAIRE A FERRY

AIR : *Veux-tu cacher ça !*

1

Certain jour dans un banquet,
Jul's, après maintes rasades,
Pens' qu'il faut, pour le bouquet,
Haranguer les camarades.
Et, puisqu'il est loin, s' dit-il, sans danger
J' peux m' payer un' tranch' de c' vieux Boulanger.
Mais quand il apprend ses rodomontades
L' général veut faire, et pas à demi,
      L'affaire à Ferry   (*4 fois*).

2

Mais fair' l'affaire à Ferry...
D' Ferry n' saurait fair' l'affaire.
Déserter ce monde-ci...
Vraiment ça n' s'rait pas à faire !
Aux frais du budget vivre grassement
En trichant le peuple et l' gouvernement ;
Jouir bien longtemps des biens de la terre ;
Cela fait bien mieux, j'en fais le pari,
      L'affaire à Ferry.   (*4 fois*)

3

Boulanger qui n' badin' pas,
Se sentant du cœur au ventre,
Veut le combat à vingt pas ;
Car il faut se voir, que diantre !
Chacun, habit bas et non cuirassé,
Doit tirer sa botte et même au visé,
Mais ses deux témoins, bonnes gens du centre,
Disent qu'on ne peut arranger ainsi
      L'affaire à Ferry.   (*4 fois*)

4

Ces messieurs, pas trop niais,
Et connaissant l' camarade,
Veulent bien un duel, mais...
Seul'ment pour la rigolade.
Jules, disent-ils, en fervent chrétien,
Veut bien verser l' sang, mais non pas le sien.
Mais pour expier sa p'tite incartade,
Nous allons dicter c' qui ferait ici
      L'affaire à Ferry.   (*4 fois*)

5

Il faudrait pour ce duel,
Notre ami n'étant pas d' force,
Choisir au bazar Ruel
Le pistolet, dit amorce.
A c' petit jouet si cher aux enfants,
La tranquillité de tous les parents,
Nous pouvons encore exposer ce torse
Si cher à Bismarck et vider ainsi
      L'affaire à Ferry   (*4 fois*)

6

D'vant un tel aplatissement
(Même dans les sphères hautes),
Chacun s' tord énormément
Partout on se tient les côtes.
Le fait est, c'est vrai, bien réjouissant,
Et puis l' dernier des... (soit dit en passant),
A tant fait pleurer par ses lourdes fautes,
Que l' peuple peut bien blaguer sans merci
      L'affaire à Ferry.   (*4 fois*)

✝ M

Vous êtes prié d'assister aux Convoi, Service et Enterrement de

Monsieur Jules FERRY,

Dit le « DERNIER DES..... SPADASSINS »

décédé politiquement à l'âge de soixante et quelques pépites, à la suite d'une tonkinomanie aiguë, compliquée d'une froussomanie opportuno-chronique, maladies contractées au service de la Réaction contre la République :

Qui se feront en grande pompe (à Richer) et sur une grande échelle (d'honneur) à Paris et dans toute la France, dimanche prochain, à deux heures moins juste.

De Profundis !!

De la part de Madame **LAPRUSSE**, son amie intime ; de feu Madame **LAMONARCHIE**, sa belle-mère ; du **PAPA RHUM**, son conseiller secret, et de tous les boockmakers et joueurs de bonneteau de France et de Navarre.

Les cordons du poêle (qu'il a dans la main) seront tenus par le duc d'Haut-Mal...-en-pire, le comte de *Paris*... mutuels, Émile Ollivier (c'tte vieille branche), et un délégué de l'agence Tricoche et Cacolet.

Le service divin sera célébré par l'abbé Thisumène.

Le général Boulanger, en costume de Saint-Arnaud de café-concert, chantera le

REQUIESCAT IN PACE!

sur l'air de : *En r'venant d' la r'vue.*

Henri Rochefort l'accompagnera sur l'orgue... de Barbarie.

1562. — Paris, Imp. L. Gabillaud, 11, rue Montyon.

LE COMMUNISME ANARCHISTE

EXPLIQUÉ AUX PAYSANS

PAR

UN ANCIEN MAIRE DE VILLAGE

Demain, dimanche, à midi, le Conseil municipal se réunira en séance publique.

Les membres du bureau de bienfaisance, les répartiteurs, les membres de la commission scolaire sont convoqués pour la même heure.

Hommes, femmes, enfants, venez tous prendre part, avec voix délibérative, à cette séance qui sera fort intéressante.

*
* *

Toute la population de la commune ayant été ainsi réunie, le maire prit la parole :

Mes amis,

Voici un gros paquet de papiers. C'est la collection des arrêtés de police permanents qui ont force de loi dans la commune. Je vais vous en lire quelques-uns et vous verrez combien il est absurde d'être soumis à de semblables lois.

En effet, un assez grand nombre d'arrêtés s'applique à un état de choses qui n'existe plus.

D'autres arrêtés prescrivent des mesures qui peuvent être bonnes dans les villes, mais qui sont inapplicables dans les villages.

Plusieurs arrêtés n'ont eu d'autre but que de tracasser des adversaires de la municipalité.

Je vous propose de faire vous-même un arrêté de police dont le premier article sera ainsi conçu : Tout arrêté de police antérieur à celui-ci est abrogé.

Puis vous discuterez chaque article et nous n'inscrirons que les articles adoptés à l'unanimité des hommes, femmes et enfants ici présents.

Le nouvel arrêté ayant été ainsi fait, je l'enverrai à la préfecture comme si je l'avais rédigé tout seul. L'arrêté me reviendra approuvé. Aussitôt nous brûlerons tous les arrêtés antérieurs. Vous serez alors régis par une loi que vous aurez faite vous-même, à l'unanimité des suffrages.

Cette proposition ayant été adoptée par acclamation, le maire dit :

Si on conduisait les moutons au pâturage communal qui est au-dessus du château féodal en ruines, les moutons feraient rouler des pierres qui pourraient blesser bêtes et gens passant sur le chemin qui conduit au château. Faut-il maintenir l'interdiction de conduire les moutons dans ce pâturage ?

— Oui ! c'est indispensable.

Nous avons des lavoirs et des abreuvoirs. Faut-il défendre de laver du linge dans les abreuvoirs ?

— Oui ! évidemment.

Ainsi de suite...

Tout fut voté à l'unanimité, sans la moindre opposition.

Le nouvel arrêté revêtu de l'approbation préfectorale fut imprimé, distribué.

Bref, nul n'ignorait la loi.

Cependant une femme conduisit ses moutons dans le pâturage prohibé. Elle fut condamnée à une légère amende ; et tout le monde s'écria : c'est bien fait !

*
* *

Maintenant examinons tout cela au point de vue social.

J'avais omis de dire que le village dans lequel a eu très réellement lieu ce que je viens de raconter était divisé en deux partis acharnés l'un contre l'autre. Les élections avaient été terriblement violentes. Il y avait eu deux tours de scrutin, débats devant le Conseil de Préfecture, chansons des uns contre les autres, manifestations bruyantes, triomphe des vainqueurs, rage des vaincus.

Eh bien ! dans ce village si troublé quand il s'agissait de donner le mandat, ou plutôt le pouvoir municipal, aux uns ou aux autres, dans ce village que les questions de personnes passionnaient au plus haut degré, les questions d'intérêt local avaient été pacifiquement résolues à l'unanimité des suffrages de tous les habitants, hommes, femmes et enfants.

Ce fait, tout infime qu'il est, ne prouve-t-il pas on ne peut mieux un tas de choses :

D'abord, qu'il ne faut donner à personne le pouvoir de faire nos affaires ;

Puis, que nous sommes vite d'accord quand nous avons à décider nous-même ce que nous voulons dans l'intérêt général ;

Enfin, que la loi doit être adoptée à l'unanimité. De quel droit, en effet, imposer une loi à quelqu'un qui n'en veut pas. C'est peut-être celui-là qui est seul dans le vrai, alors que l'unanimité moins un est peut-être dans le faux. Rien d'abominable comme l'oppression des minorités par les majorités.

De même qu'il a pu être fait un arrêté de police avec l'approbation unanime, de même il pourrait être statué sur tout ce qui intéresse la commune par tous les habitants réunis, et on n'adopterait que ce qui serait unanimement accepté.

Alors, plus besoin de conseillers municipaux, de maire, d'adjoint, de garde champêtre ; bref, plus besoin de gouvernement ; alors la commune se passant on ne peut mieux de gouvernement, ce serait l'anarchie.

— Eh quoi ! l'anarchie c'est la commune faisant ses affaires elle-même, sans qu'elle ait à obéir, non seulement au maire choisi par la majorité contre la volonté de la minorité, mais encore au préfet, c'est-à-dire à un étranger qui ne connaît pas la commune, qu'aucun habitant ne connaît, et sans la permission duquel cependant rien ne peut être fait.

— Oui, l'anarchie c'est l'affranchissement de la commune, c'est la liberté.

— Vive l'anarchie !

*
* *

Puisque nous voilà tous réunis, je vais, mes amis, vous soumettre une question que le Conseil municipal a le droit absolu de trancher : Faut-il, oui ou non, partager les biens communaux ?

— Jamais de la vie ! Que deviendrions-nous si nous n'avions plus de pâturages communaux !

— J'étais sûr d'avance que je soulèverais votre indignation rien qu'en vous proposant le partage des biens communaux. Mais parlons d'autre chose. Plusieurs d'entre vous m'ont dit qu'il faudrait acheter un pressoir pour la vendange. Ce sera une dépense de six cents francs ; et comme le centime, dans notre commune, produit vingt francs, il faudra nous imposer trente centimes additionnels, alors que nous en payons déjà cinquante.

— Tant pis ! il faut absolument acheter un pressoir.

Et le pressoir fut acheté. Les centimes additionnels étant payés proportionnellement aux impositions, il advint que les plus pauvres ne payèrent rien du tout et que les plus riches payèrent beaucoup. Cependant les plus pauvres pouvaient se servir du pressoir tout comme les plus riches.

Ce qui avait été fait pour le pressoir fut fait aussi pour plusieurs autres objets, savoir : une romaine pour peser le foin, un baquet pour tuer les cochons, un grand chaudron pour faire chauffer de l'eau.

On pourrait de même acheter des instruments d'agriculture qui simplifieraient joliment la besogne, par exemple une batteuse qui éviterait aux cultivateurs de battre le blé avec un fléau, travail épouvantablement pénible ; la batteuse ferait cela très vite et le travail deviendrait ainsi une fête : tous y prendraient part en s'amusant ; les enfants surtout se rouleraient sur la paille en poussant des cris de joie.

Ces instruments achetés par la commune, permettant le travail en commun, c'est déjà un peu le communisme.

Un peu et même beaucoup, car lorsqu'on aura des instruments perfectionnés pour labourer, ensemencer, faucher, etc., on comprendra l'avantage d'avoir de vastes terrains à exploiter, on abattra les haies qui morcellent le sol, on défrichera les chemins, on mettra tout en commun pour le travailler en grand, pour avoir abondance de produits sans peine, en s'amusant, car il n'y a rien de plus amusant que les travaux des champs faits en commun, les vendanges, les moissons, sous le ciel bleu, en plein soleil et au grand air.

Le communisme, mes amis, c'est le bien-être pour tous, la joie, les chansons et les danses. Et tout cela, dans un village sans maire, dans un département sans préfet, en pleine anarchie.

****

Fait à Foix, le 21 décembre 1888, de 9 à 11 heures du matin.

Émile **DARNAUD.**

LA RÉVOLTE

ORGANE COMMUNISTE-ANARCHISTE

PARAISSANT TOUS LES SAMEDIS

140, RUE MOUFFETARD, A PARIS

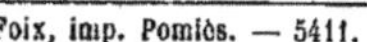

Foix, imp. Pomiès. — 5411.